El Nuevo Chico Del Barrio

Una Guía de Referencia Fácil Para Supervisores y Encargados

Por

Dafna Vann-Gauthier

Este libro es para supervisores que inician, supervisores experimentados, supervisores provisionales, encargados, y líderes.

authorHOUSE®

AuthorHouse™
1663 Liberty Drive
Bloomington, IN 47403
www.authorhouse.com
Phone: 1-800-839-8640

First published by AuthorHouse 2/4/2011

ISBN: 978-1-4490-2565-6 (sc)
ISBN: 978-1-4567-3442-8 (e)

Printed in the United States of America

This book is printed on acid-free paper.

Certain stock imagery © Thinkstock.

El Chico Nuevo del Barrio ofrece técnicas y herramientas que ayudan al desarrollo de un liderazgo efectivo. Proporciona guías y habilidades básicas para apoyar a encargados en el rol de liderazgo. Ya sea que estén iniciando una supervisión o se tenga experiencia en este renglón. Este libro es una guía para asegurar que las habilidades como supervisor están actualizadas con el trabajo a desarrollar. Brinda los conocimientos y practicas que pueden aplicarse a diferentes situaciones en el trabajo.

Sinceramente,
Dafna

Este libro esta dedicado a mis hijos, Jazzlynn, Joshua, y Breana; y mi nieta Jaiana. Para hacerles saber que todo es posible. Que es posible alcanzar cualquier sueño si pone empeño en ello. Y a mis padres LaVerne Easter y George Vann (Fallecido), por enseñarme que puedo alcanzar cualquier meta que me proponga. Te quiero mucho.

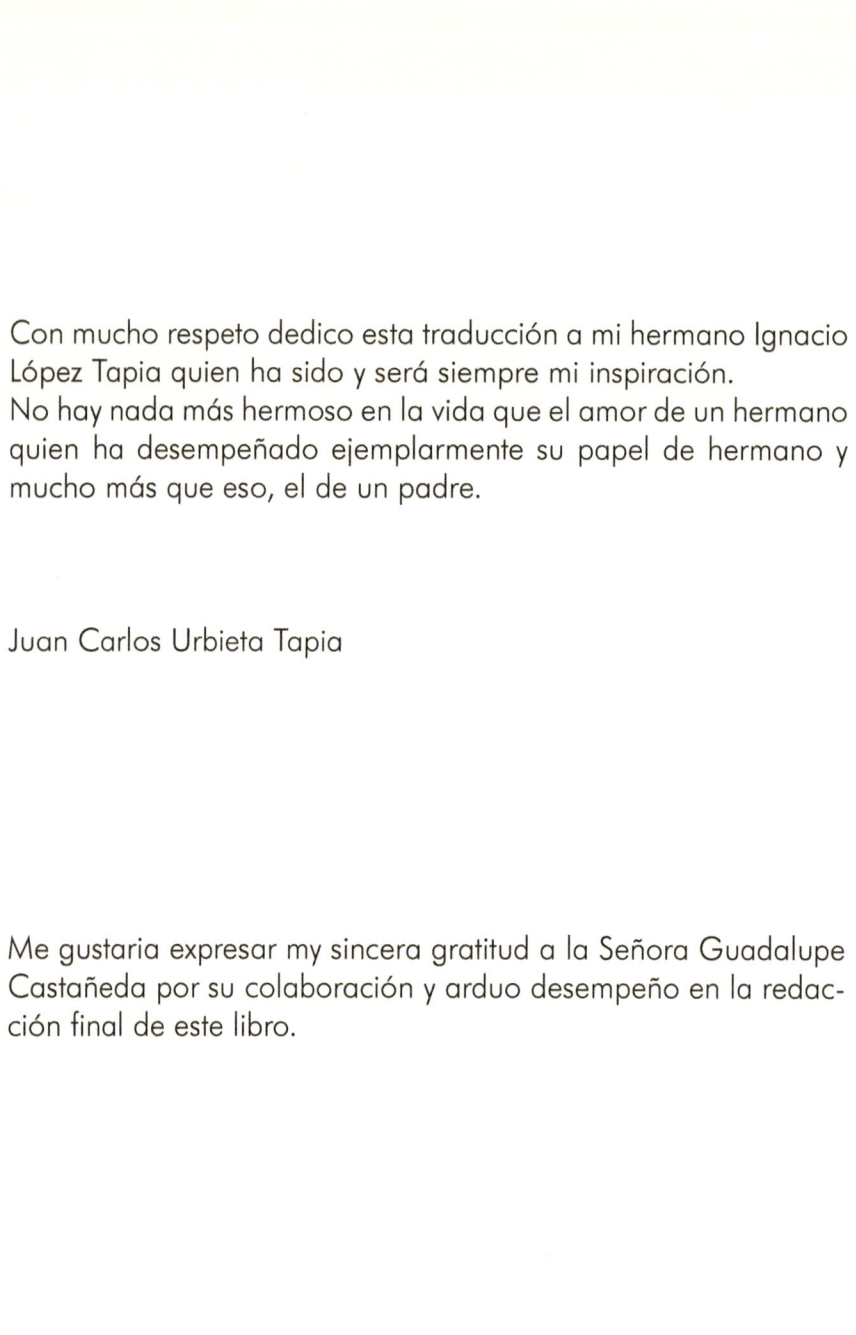

Con mucho respeto dedico esta traducción a mi hermano Ignacio López Tapia quien ha sido y será siempre mi inspiración.
No hay nada más hermoso en la vida que el amor de un hermano quien ha desempeñado ejemplarmente su papel de hermano y mucho más que eso, el de un padre.

Juan Carlos Urbieta Tapia

Me gustaria expresar my sincera gratitud a la Señora Guadalupe Castañeda por su colaboración y arduo desempeño en la redacción final de este libro.

Este Libro Enseñará

- El rol del supervisor
- Como evitar los errores más comunes hechos por supervisores
- Como crear su propio estilo de liderazgo
- Como construir una mejor atmosfera en el trabajo para sus empleados
- Como establecer metas con sus empleados
- Conformar un equipo: Lograr la participación de los empleados
- Técnicas para obtener el apoyo de su personal cuando haya cambios
- Que hacer para que los empleados acepten un cambio. Positivo vs. negativo.
- Como hacer que sus empleados se sientan capaces de manejar el negocio en su organización
- El significado y definición de cultura corporativa, valores, creencias, y declaración de misión
- Como incorporar la cultura corporativa, los valores, y creencias en la declaración de misión y en la organización
- Ejemplos de valores, ética profesional, evaluación de asistencia, consejería documentada, y ¡mucho más!

PROMOCION

Usted ha sido promovido a una nueva posición. Es el nuevo jefe a cargo. Conocido como, **"El *Chico Nuevo del Barrio*".** Tiene nuevas responsabilidades, un rol nuevo y un titulo de líder. ¿Que significa todo esto? ¿Qué hacer primero? ¿Como comenzar? ¿Como puede ajustarse a este nuevo rol?

Como encargado, necesita planear, organizar, monitorear, y dirigir a su personal en dirección a la cual la organización esta apuntando. Usted encabezara diferentes actividades diariamente. Esto implica ser un técnico experto, tomar decisiones, solucionar problemas, delegar, aconsejar, evaluar, motivar, comunicar, disciplinar, y dirigir. ¿Le digo más? La transición a esta nueva posición puede ser excitante, y al mismo tiempo un reto. Por lo tanto, hacer la transición correctamente es crítico para el éxito. Las destrezas y herramientas que ofrece este libro lo guiaran para una fácil transición a esta nueva posición. Conocimientos que no tienen los que no han leído este libro.

Los Gerentes de hoy deben poseer una variedad de habilidades para tener éxito. Como nuevo encargado, lo primero que debe hacer es identificar su papel en la empresa. Básicamente usted dirigirá la fuerza de trabajo y tendrá que alcanzar las metas que la organización tenga. Los gerentes deben tener la capacidad de realizar funciones de gerencia, planeación, organización, control, y liderazgo en el trabajo de otros.

Planear a futuro para alcanzar las metas de la organización es una tarea que todos los gerentes deben realizar. El planeamiento es la llave para el éxito organizacional. Se ha dicho que si se falla en la planeación, se planea para fallar. Tener un plan de lo que le gustaría lograr como gerente ayudara a su personal y a usted a dirigirse en la misma dirección.

Una de las funciones de gerencia es informar al personal la estructura de la organización. Dar a los empleados un **diagrama organizacional** les permitirá entender la estructura de la empresa. El diagrama organizacional define claramente, direcciones, jerarquías, asignación de departamentos, divisiones, así como papeles y funciones que desempeñan estas unidades.

La forma en que esta organizada la empresa es de vital importancia para los empleados. Así ellos saben sus funciones y las tareas que deben desempeñar. Al proveer a los empleados un diagrama organizacional tendrán conocimiento de a quien deben dirigirse. De esta manera tanto empleados como gerentes pueden alcanzar el éxito organizacional. Cuando los empleados conocen y entienden la estructura de la empresa así como su papel en la organización, o con quien reportarse si tuvieran preguntas o sugerencias esto minimizara el tiempo que ocuparían de los gerentes.

Cuando los gerentes planean alcanzar metas organizacionales, es necesario que tengan un sistema de **control**. Considerar estas metas y planear alcanzarlas con estrategias así como soluciones a posibles problemas. Señalando metas que satisfagan las necesidades de la organización. Los gerentes deberán hacer cambios y ajustes a lo largo del camino cuando algo obstaculice el camino a estas metas.

Las gerencias incluyen **liderazgo** por lo tanto será imperativo supervisar las operaciones de la empresa efectivamente. El titulo de gerente implica cualidades de liderazgo sin embargo no todos los gerentes son buenos líderes. En el rol de liderazgo y gerencia es necesario tener habilidades para dirigir adecuadamente a los empleados. Por lo tanto, una de las primeras habilidades que hay que aprender es como guiar y dirigir a los empleados. Un gerente en lugar de considerarse como jefe se considerara un líder. Los gerentes con habilidades interpersonales pueden incrementar la calidad de trabajo de los empleados y aumentar así la productividad de la organización.

Modelo A Seguir

Los gerentes deben saber que es lo que les gustaría lograr en su nuevo rol. Deben reflexionar y preguntarse lo siguiente: "¿Qué quiero transmitir a otros?" ¿Qué es lo que quiero representar? ¿Cómo impactará mi papel a otros a mí alrededor y a la compañía para la que trabajo? "¿Qué legado me gustaría dejar durante mi liderazgo? ¿Qué hacer para lograr estas tareas?

En una posición de liderazgo y gerencia, **Usted se convertirá en el modelo a seguir.** Quizá no se sabrá con precisión a quien se impacta durante el desarrollo de esta función pero habrá éxitos, fracasos, metas, ambiciones, esperanzas y sueños de otros que definitivamente se verán afectados. No es necesario ser un entretenedor, figura política, o estrella de cine con toda la fama y publicidad que corre en el mundo. Este rol es mucho más personal porque está en contacto constante con la gente que hay alrededor. Las decisiones tomadas en las gerencias afectan así como los mensajes enviados. No importa si son superiores, subordinados, o colegas, estas acciones siempre impactaran. Las posiciones gerenciales serán siempre observadas por lo que hay que dirigir de una manera positiva.

Cuando se dirige, lo que se valora tiende a sobresalir. Los gerentes pueden no percatarse que cuando están manejando gente u organizaciones, lo que ellos valoran puede ser la fuerza impulsora para la organización y las personas a las que dirigen. En otras palabras, los valores que son importantes para los gerentes pueden ser tomados como importantes a la organización.

Por ejemplo, si se valora la honestidad, la integridad seria algo importante, siempre hacer lo correcto. La ética a seguir podrá ser lo que el gerente valora. Si se cree en el trabajo duro, esto podría transmitirse a los demás. Así es que habrá que preguntarse ¿que es lo que se valora? ¿Que es importante para usted en la organización? Tome un tiempo para reflexionar en estas preguntas deje que su mente absorba estos pensamientos. Permítase un momento para reflexionar en sus valores, creencias, y moral. ¿Cómo puede usted integrar estos atributos a su papel de gerente? ¿Qué es lo que le gustaría lograr o inculcar en los demás?

Niveles de Gerencia

Hay diversos niveles de supervisión en la gerencia y **cada nivel tiene un papel definido**. Los tres niveles que son tratados en este libro son nivel superior, medio, y primera línea de supervisión [que considero el principio de la gerencia].

En una posición de gerente usted estará siempre en el centro. Si es un supervisor de primera línea informa directamente a su jefe, si es un encargado medio, es usted el enlace entre sus superiores y sus subordinados, y responde a ambos. Si es un ejecutivo reporta a una junta directiva, a un grupo de accionistas o a alguien en ese nivel.

La gerencia de nivel superior o ejecutivo es la más alta. Estos gerentes tienen el nivel más alto en el organigrama de la organización. Ejemplos de posiciones en nivel ejecutivo son: Directores Generales (CEO), Directores de Operaciones (COO), y Lideres de Departamentos. Ellos son responsables de las operaciones en toda la organización. Los gerentes de nivel superior piensan estratégicamente, se concentran en asuntos de la organización en conjunto a largo plazo. Se enfocan en la supervivencia y el crecimiento de la organización. Ellos fijan el tono para la visión, misión, valores, metas, y cultura organizacional de la empresa.

La gerencia de nivel medio esta abajo del nivel superior y arriba de la primera línea. Su nivel de planeamiento consiste en implementar los planes estratégicos de los niveles superiores a corto plazo lo que los hace estrategas. Ejemplos de encargados medios son Gerentes de División o en algunos casos posiciones de liderazgo de mayor rango. Ellos están normalmente encargados de alguna unidad o división. Los encargados de nivel medio se reportan al gerente de departamento, o a alguien en el nivel ejecutivo. Reciben direcciones de estos ejecutivos. Encargados medios son conocidos como gerentes tácticos porque son responsables de traducir los planes ejecutivos a corto plazo y de pasar esta información a los empleados que se reportan con ellos, que en este caso son los gerentes de línea.

Los gerentes de primera línea son gerentes de nivel inferior, normalmente conocidos como supervisores. Trabajan directamente con la mano de obra. Ellos son el enlace entre la gerencia y personal. Su misión es llevar a cabo el plan de tácticas de operación. Los gerentes de primera línea están a cargo de planear las operaciones cotidianas de la mano de obra que es crítica para la organización. Para tener éxito en la planeación en cualquier nivel es necesario comunicar y proporcionar a los empleados los pasos a seguir junto con las expectativas. Las expectativas son esenciales en cualquier nivel de la organización.

EXPECTATIVAS

Las expectativas indican que se espera de los empleados. Y deben ser utilizadas como un mapa itinerario. Así los empleados contaran con la orientación adecuada que señala el camino a seguir. Si los empleados respetan las expectativas, también sabrán cómo alcanzar sus metas.

Imaginemos subirnos a un avión y no saber cual es nuestro destino. Primero, ¿se subiría a un avión sin saber su destino? Esto es aterrorizante para la mayoría de las personas y no lo harían. Cuando se esta viajando y no se sabe en que dirección, puede ser arriesgado e incomodo. Piense en sus empleados, ellos podrían sentirse de la misma manera a falta de expectativas.

Consideremos esto, ¿Qué es lo que las azafatas hacen antes de despegar el avión? Anuncian los planes de emergencia en caso de que algo suceda ¿verdad? Están comunicando básicamente lo que se espera de cada pasajero por si algo llegase a suceder. Imagine que estas expectativas no fueran repasadas. El avión estaría en completo caos durante una emergencia y nadie sobreviviría. Consideremos a los empleados y la empresa como un avión dispuesto a despegar. Tal vez las expectativas no sean tan críticas como en una emergencia aérea, pero se puede apreciar la diferencia si alguien sabe con anticipación lo que se espera de ellos a no saber nada. Como líder siempre proporcione expectativas a sus empleados. Estas deberán estar por escrito y disponibles para todos los empleados. No tienen que ser complicadas, usted puede tener expectativas sencillas escribiéndolas en la forma **RASE**. (RASS si las siglas son en Ingles)

- Razonable - ser lógico y justo al escribir las expectativas
- Alcanzable – los empleados deben estar capacitados para alcanzar las expectativas
- Simple – fáciles de entender
- Específico – instrucciones especificas de lo que se espera

Las expectativas no tienen que ser difíciles y complejas. Pueden ser directas y al punto. Hágalas simples para que todos las entiendan. Use palabras simples y manténgase alejado de palabras bruscas o difíciles de entender. Al escribir, conserve un nivel de escritura donde cualquier lector pueda comprender. Las palabras complejas pueden ser una barrera que impida a los empleados entender completamente. La lectura fácil es más apropiada.

Si usted no proporciona expectativas a los empleados, algunos no tendrán idea de lo que usted quiere o espera de ellos. Comunique claramente a los empleados lo que espera de ellos o sea sus expectativas.

Esto hará su trabajo un 90% más fácil. Cuando establezca expectativas, no basta con escribirlas, explíquelas a todos. Nunca asuma que la gente sabe o entiende que es lo que se está pidiendo. Una vez que haya formulado sus expectativas, organice una junta con todos sus empleados para comunicarlas. Esta junta debe realizarla al inicio de su desempeño como nuevo líder. Usted puede utilizar estas expectativas incorporándolas en su declaración de misión haciendo de ellas parte fundamental de su empresa.

Se proporcionan, como ejemplo, en la página siguiente lo que se espera de los empleados de un centro de atención telefónica o sea las expectativas que se tienen.

EXPECTATIVAS PARA LOS EMPLEADOS

Productividad: El servicio de calidad al cliente es nuestra primera prioridad. Asegúrese que los teléfonos sean contestados inmediatamente y con profesionalismo.

Pólizas y Procedimientos: Cada empleado debe mantener un buen record de asistencia de acuerdo a los parámetros de la compañía

Asistencia: Cada empleado deberá mantener un buen record de asistencia de acuerdo a las políticas de la empresa. (* Si no existe ninguna política usted deberá crearlas o definirlas)

Juntas de Personal: Las juntas de personal son mandatorias para que sean productivas.

Integridad: Siempre sea honesto con los clientes.

Cortesía: Asegúrese que la cortesía y el profesionalismo sean demostrados constantemente.

Capacitación: Para el desarrollo de habilidades solicite capacitación en cualquier área que crea necesitarlo.

Tarjetas de Asistencia: todas las tarjetas deberán estar completas al final de la jornada de trabajo. Es responsabilidad de los empleados el completar su tarjeta y tenerla verificada con exactitud antes de ser entregada al supervisor al final de la semana.

Se espera que todos los empleados sigan las normas y reglamentos de la organización, hagan suyas las expectativas y trabajen en equipo para alcanzar la meta de proporcionar el mejor servicio de calidad a los clientes. Si tiene alguna pregunta, no dude en ponerse en contacto conmigo.

Nombre del Supervisor
Firma del Supervisor

Si yo fuera un empleado y conociera estas expectativas, sabría qué es lo que se espera de mí. Analizándolas sabría cuales son los procedimientos en cuanto a capacitación, profesionalismo, y productividad. Estaría claro en qué situaciones podría consultar a la gerencia si tuviera alguna pregunta. El mapa del camino está allí; es plano, simple, y claro. Una vez que usted haya formulado sus expectativas, dese un tiempo para leerlas. ¿Cómo se oyen? ¿Son razonables, alcanzables, simples y especificas (RASE)?

Preguntas al comenzar la lista de expectativas:

a. ¿Qué es lo que se espera de mí?

b. ¿Cuál es la definición de un empleado excelente?

c. ¿Cómo abordar a los empleados en asuntos críticos?

d. ¿Cómo saber si estoy alcanzando las expectativas?

Ahora ya está listo para escribir las expectativas de su jefe. ¿Qué clase de expectativas tendría? Pregúntese que es lo que espera de su jefe. Utilice la teoría RASE cuando escriba estas expectativas. A continuación se le proporciona un ejemplo.

Si tuviera la oportunidad de escribir lo que espera de su jefe, ¿que escribiría? ¿Qué clase de expectativas tendría para el? Reflexione que es lo que espera de su jefe. Tome unos momentos y piense de algunas expectativas. Utilice la teoría RASE y escríbalas. ¿Lucirían como estas expectativas?

Espero de mi Jefe que

- Dirija con ejemplo de manera positiva
- Respete mis pensamientos e ideas
- Me apoye y sea mi guía a lo largo de mi carrera
- Sea flexible y se adapte a los cambios en una manera positiva
- Sea justo e imparcial con todos los empleados
- Me mantenga informado de la situación actual
- Permita a los empleados ser responsables en sus áreas de trabajo
- Me haga saber cuando he hecho algo correctamente
- Me haga saber en privado cuando he hecho algo mal
- Sea fiel a la misión, la cultura y los valores de la organización
- Promueva el crecimiento de sus empleados creando oportunidades para que desarrollo profesional

Tomando este ejemplo de expectativas. ¿Podría su jefe alcanzarlas? Si así lo cree entonces usted acaba de escribir que es lo que se espera de usted mismo. Estos son los estándares a los que deberá estar dispuesto a seguir como líder. Estas son ahora **"sus nuevas"** expectativas. Colóquelas en algún lugar visible en donde las este recordando constantemente para tener presente que clase de líder quiere ser.

También puede realizar esta dinámica de expectativas solicitando a los empleados que escriban lo que esperan de un jefe. Que escriban las cualidades que hacen a un jefe excepcional. No les permita saber que están escribiendo sus propias expectativas. Una vez que hayan terminado, entonces comuníqueles lo que han hecho. Anúncieles que han escrito sus propias expectativas para que de esta manera se esfuercen y las cumplan.

Cultura Organizacional

La cultura organizacional y corporativa se utiliza alternativamente. Se define como cultura las características de valores, creencias, normas, formas de pensar, o tradiciones. Es un sistema dominante de la opinión común y del significado compartido de los miembros de la organización.

La cultura organizacional define lo que representa la empresa. Es el comportamiento de rutina en cuanto a las normas, valores y características que representan a la organización. La cultura organizacional conduce a la empresa y sus acciones. Ofrece lineamientos para el comportamiento de los empleados, cómo piensan, actúan y sienten. Esta cultura esta apoyada en la visión, misión, y valores de una organización, generalmente establecidas por sus fundadores o líderes de la organización.

El tono de la organización se puede detectar por: las reglas escritas y las no escritas, reglas para llevarse bien, las cosas que se ven y las que no se ven. La cultura organizacional puede y tiene efectos directos en el comportamiento y funcionamiento del empleado. Esta cultura afecta directamente a la motivación. Las reglas no escritas son aquellas que no están por escrito en la organización pero cada empleado es consciente de ellas. Usted puede tener una regla con respecto a horas de descanso y hora de comida, pero quizás puede ver que la gente toma tiempo de más y esto ha sido aceptado. Esto se convierte en la regla no escrita en ningún lugar pero cada empleado puede verla. Nadie dice nada hasta que generalmente alguien ha sido disciplinado por ello o un nuevo líder viene a bordo. Cuando hay un nuevo líder a bordo aparece la famosa frase: "siempre se ha hecho de esta manera".

He escuchado muchas historias acerca de la cultura en diversas organizaciones y como se recompensa a ciertos individuos. Por ejemplo, si alguien hace recomendaciones o sugerencias para mejorar la compañía o el producto, generalmente se les asigna la tarea de implementar su sugerencia; quieran o no. Después de cierto tiempo, la persona no hace más recomendaciones porque su recompensa es más trabajo. Así es que la cultura está dando más trabajo a los empleados que intentan hacer sugerencias en vez de darla a otro empleado que diera la bienvenida a la idea y al reto. ¿Ha pensado en el tratamiento que recibirá un empleado que hace escándalo y consigue recompensas? ¿Cuáles son los patrones de comportamiento que son aceptables en la compañía?

Visión

La visión pronostica el futuro de la organización. Es el punto de partida para la creatividad. Es formular la imagen ideal de la compañía en la mente. La visión se convierte en el futuro porque se ve más allá del aquí y ahora. Es importante porque proporciona a cada individuo dentro de la organización un resultado final. Si la visión de la organización es compartida con los empleados, cada uno podrá visualizar que su posición es importante para llegar a la meta fijada para la empresa.

Declaración de Misión

Una declaración de misión proyecta el porqué existe la organización; su propósito y el planteamiento para lograr metas, tareas, o proyectos.

Valores y Creencias

Los valores son el sistema de creencias, ética y conducta a seguir dentro de la organización. **La creencia** es el principio o la idea que se considera como la verdad absoluta. Los valores y la creencia son importantes porque exhiben el carácter de la organización, proyecta las creencias y la esencia de la organización. Los valores determinan las actitudes y el comportamiento de los empleados. Dictan que es aceptable o inaceptable en la organización. Comparta estos valores con los clientes y empleados. Hágales saber cuáles son los valores de la organización.

Dar autoridad a los Empleados

Dar autoridad a los empleados es una de las mejores recompensas que se les puede dar. La empresa se beneficia si se les da a los empleados la oportunidad de brillar. Propicie una atmósfera que anime a empleados a desarrollar sus habilidades empresariales al tener la libertad y capacidad para manejar el negocio de otra persona como si fuera propio. Anímeles a inspirarse en sus propias ideas para mejorar el negocio. Los empleados que participan en el desarrollo de un proyecto tienden a hacer suyo el trabajo que están realizando. Cuando se presentan aspectos funcionales o técnicos del trabajo los empleados pueden ser los mejores asesores.

Los empleados autorizados a tomar decisiones, toman propiedad de su trabajo, solucionan los problemas que enfrentan, y llegan a ser buenos empresarios. No tiene que poseer un negocio para tomar decisiones o para sentirse parte del negocio. Dar autorización para toma de decisiones en los niveles de baja jerarquía agiliza los procesos sin embargo se tiene la oportunidad de buscar ayuda o consejo cuando está se necesite.

Anime a los empleados a tomar nuevos desafíos y nuevas ideas. Como líder, usted puede tener una "inversión" en sus empleados si tienen la opción de sentir la pertenencia de su trabajo. Seleccionar empleados que deseen la responsabilidad o estén dispuestos a aceptarla es crucial. Intente dar el proyecto a la persona con las habilidades para ello. Una vez que ha asignado a un empleado un proyecto, asesórelo enseñándole todos los aspectos del proyecto, o dependiendo de las circunstancias, dé a los empleados la autoridad para que tomen decisiones y se hagan cargo. Algunos empleados quizás no quieran la responsabilidad de tener autoridad o hacer innovaciones en la empresa, por lo tanto se debe tener cuidado al seleccionar a los empleados. Usted como líder deberá identificar a aquellos que tengan las características necesarias para ser líderes. Cuando delegamos autoridad a los empleados los estamos dejando tomar decisiones. No todos están en el mismo nivel así que cada uno puede requerir algo diferente. Ejemplo: ¿Ha estado en una tienda departamental donde tuvo un pequeño problema que pensó que cualquier empleado podría solucionar? Digamos por ejemplo el intercambiar o devolver un artículo. El empleado que le asiste le informa que ellos no están autorizados para procesar devoluciones o intercambiar productos y que requieren de la autorización del gerente.

Mientras buscan al gerente usted tiene que esperar otros cinco minutos. Cuando el gerente llega el empleado autoriza inmediatamente su transacción. ¿Podríamos haber ahorrado su tiempo y el tiempo del gerente al autorizar a los empleados para tomar una decisión? Estoy seguro que si. Darles autoridad a los empleados y permitirles solucionar los problemas propicia el crecimiento, es en beneficio del negocio y bueno para la moral del empleado.

Sea flexible para los cambios en la organización. De a los empleados libertad para que desarrollen su creatividad y cierto proyecto a su manera. Usted tiene una forma de realizar un proyecto y los empleados deberán saber esto, sin embargo es posible que ellos tengan otra forma de llevar a cabo ese mismo trabajo. Permita que los empleados realicen el trabajo a su manera quizá sea lo mejor. Lo que se necesita es un **resultado positivo**. Hay más de una forma de cómo llevar a cabo algún asunto o situación llegando al mismo resultado.

Ejemplo: Usted tiene cierta forma de cómo archivar los fólderes. Los empleados pueden hacerlo de otra forma. A lo mejor no es su forma, pero el trabajo será realizado y tendrá los mismos resultados.

Si un empleado sugiere una forma de cómo realizar un trabajo de manera efectiva y todos se benefician de esto, acaba usted de darle poder a ese empleado. Le ha dado luz verde en la toma de decisiones y en la propuesta de ideas nuevas. Los empleados quieren ser parte de la organización, sentirse valorados y valorarse a sí mismos. Muchos investigadores hablan acerca de estas necesidades en la gente.

<u>Teorías de Psicólogos</u>

Motivando a los Empleados

El psicólogo americano Abraham Maslow (1908-1970) habla sobre la teoría de motivación en la gente. El desarrolló una teoría de motivación que describía el proceso por el cual la gente progresa del las necesidades básicas a la auto-realización. La jerarquía de Maslow de estas necesidades se enumera a continuación:

Jerarquía de las Necesidades de Maslow

AUTO-REALIZACION

NECESIDADES DE ESTIMA

NECESIDADES SOCIALES

NECESIDADES DE SEGURIDAD

NECESIDADES BASICAS (COMIDA, ROPA Y SUSTENTO)

Auto-Realización: Encontrar satisfacción al alcanzar la máxima capacidad. Es la cúspide en la línea de logros. Es una necesidad de satisfacción personal para sentirse realizados. Cuando la gente tiene un objetivo que está anhelando lograr, tiene necesidad de tener éxito para sentirse completos en su realización.

Los jefes pueden satisfacer estas necesidades al: Ayudar a los empleados a desarrollar su máximo potencial dándoles proyectos o tareas que les presenten desafíos. Permitiéndoles así hacer algo que ellos desean.

Estima: autoestima – teniendo respeto por sí mismos y el respeto de otros; para sentirse valorados; reconocidos.

Los jefes pueden satisfacer estas necesidades al: al reconocer sus logros, asignando a los empleados trabajos importantes y preguntándoles su opinión.

Necesidad Social – Pertenecer; sentirse aceptado; afiliarse con otros; tener amigos para dar y recibir amor y afecto; no aislarse.

Los jefes pueden satisfacer estas necesidades al: Designar proyectos en equipo, teniendo reuniones sociales (picnic y eventos de la compañía) para que los empleados tengan oportunidad de conocer a otros trabajadores, y para proporcionar un sentido de comunidad dentro de la organización.

Seguridad es la necesidad de sentirse seguro y libre de daño; al estar en un ambiente libre de peligro; estar física y económicamente seguro.

Los jefes pueden satisfacer estas necesidades al: Proporcionar un ambiente seguro de trabajo, ofreciendo medidas de seguridad y permitiendo breves lapsos de descanso.

Necesidades Básicas son necesidades de supervivencia. Estas son las cosas que determinan el nivel de vida: disponer de agua y comida para alimentar nuestros cuerpos, aire para respirar, tener un techo y recibir servicio médico. Estas son las necesidades básicas que los seres humanos necesitan para vivir.

Los jefes pueden satisfacer estas necesidades al: proveer almuerzos para los empleados, descansos (normalmente dos descansos de 15 minutos son suficientes) proporcionando a los empleados el ingreso para satisfacer sus necesidades básicas de comida, agua y sustento y proporcionando un ambiente de trabajo limpio para los empleados.

La jerarquía de Maslow de necesidades está en un ajuste del triangulo que comienza con las necesidades de nivel inferior. La teoría de Maslow es que una vez que se cubre una necesidad, la persona se moverá arriba en el triangulo hacia la siguiente necesidad. Las primeras cuatro que se mencionan se conocen como necesidades de deficiencia. Primero está las necesidades de supervivencia (basado en la grafica de arriba). Por ejemplo, la gente con hambre tomara mayores riesgos para obtener comida. Una vez que han logrado satisfacer esa necesidad, se moverán a la siguiente necesidad, como seguridad.

La jerarquía de Maslow muestra que la gente tiene una variedad de necesidades desde supervivencia a la auto-realización. Las necesidades de nivel inferior son las necesidades básicas que se deben satisfacer antes de satisfacer las necesidades de alto nivel, tales como la estima y la auto-realización.

LA TEORIA DE ERGIO

Clayton Alderfer de la Universidad de Yale repaso la teoría de Maslow y la nombro: **teoría de ERGIO**. Alderfer sostiene que hay tres grupos de necesidades centrales donde la gente es motivada. Estos grupos centrales son: Existencia, conexión, y crecimiento; conocidos como ERGIO. Los estudios han demostrado que los niveles medios de la teoría de Maslow tienden a traslaparse, por lo que Alderfer lo coloco en tres niveles. La teoría de Alderfer demuestra que más de una necesidad puede ser operativa al mismo tiempo, y si la satisfacción de una necesidad de alto nivel se sofoca, el deseo de satisfacer una necesidad de nivel inferior aumenta. Por ejemplo, si las oportunidades del crecimiento no se resuelven, el individuo puede reflejarlo en las necesidades de conexión hasta que las oportunidades del crecimiento puedan ser resueltas. Como encargados, el reconocimiento de estos comportamientos ayudará para satisfacer las necesidades del empleado. La **teoría de ERGIO** reconoce que las tres categorías pueden operar al mismo tiempo, mientras que en la teoría de Maslow una necesidad inferior debe ser satisfecha antes que uno se pueda mover hacia la siguiente o adelante. Así como Maslow, la teoría de Alderfer ERGIO menciona que necesidades jerárquicamente donde la existencia necesita tener prioridad sobre la conexión, y sobre el crecimiento. La teoría de Alderfer ERGIO menciona que el orden de estas necesidades variar de persona a persona.

La teoría de ERGIO contiene una dimensión de frustración-regresión. Alderfer explica que cuando un nivel más alto de la necesidad de la orden es incumplido; la persona puede regresar a las necesidades de nivel inferior que son más fáciles de satisfacer. La frustración puede llevar a la regresión a una necesidad más baja.

Teoría X Motivación de Logro

David McClelland estudió la teoría de la necesidad de la motivación. En su teoría, la gente tiene necesidad realizar logros. La necesidad de lograr es una característica de la personalidad. A continuación se mencionan las teorías de David McClelland:

McClelland es conocido por su estudio en la motivación del logro. El rango de sus estudios abarcó de la personalidad al sentido de estar consciente. McClelland desarrolló un sistema de sonorización para la prueba de Apercepción temático que fue utilizada en la investigación de motivación de logro. Más tarde, se interesó en la relación entre la motivación de logro y el desarrollo económico. Antes de su muerte, condujo la investigación sobre influencias fisiológicas en la motivación de logro. El concepto de motivación de logro de McClelland también se relaciona con la teoría de la motivación-higiene de Herzberg. La gente con la motivación de alto logro tiende a estar interesada en los motivadores (el trabajo mismo).

Necesidad del logro: Es la motivación a sobresalir, esforzarse en alcanzar el éxito en un sistema de estándares, esforzarse en tener éxito. La necesidad del logro es el deseo de hacer algo mejor o más eficientemente de lo que se ha hecho antes. Los grandes triunfadores se distinguen de otros por su deseo de hacer las cosas mejor. Los grandes triunfadores no son apostadores; no les gusta tener éxito por casualidad. Prefieren el desafío del trabajo en un problema y aceptar la responsabilidad personal del éxito o de la falla.

Necesidad del poder: Es la necesidad de hacer que otros se comporten de una manera en que ellos no lo harían. El deseo de tener impacto, de ser influyente, y de controlar a otros. Los individuos que gozan de ser encargados, se esfuerzan por tener influencia en otros, prefieren estar en situaciones competitivas y en posiciones de dirección, tienden a estar más interesados en el prestigio y a tener influencia sobre otros más que a desarrollar un funcionamiento eficaz.

Necesidad de la afiliación: Es el deseo por tener relaciones interpersonales amistosas y cercanas. El deseo de ser aceptado por otros. Prefieren situaciones cooperativas más que las competitivas, desean relaciones que implican un alto nivel de entendimiento mutuo.

Delegando Proyectos a los Empleados

La delegación de proyectos a los empleados proporciona oportunidades de crecimiento para que los empleados desarrollen sus capacidades. Al delegar proyectos o responsabilidades a los empleados sea específico informando al empleado lo que usted espera como resultado final; incluya los plazos y fechas limite al delegar asignaciones. Siempre de suficiente tiempo para terminar el trabajo esto beneficia al empleado y a usted.

Ejemplo: Supongamos que la fecha de hoy es el 1 de noviembre. Si tiene que presentar un proyecto a su jefe para el 1 de diciembre, pida al empleado que lo termine para el 15 de noviembre o antes. De esta manera, tendrá tiempo suficiente para repasar el proyecto antes de que sea sometido a consideración de su jefe. Nunca ponga plazos donde el empleado no tiene suficiente tiempo para terminar el proyecto o para hacer ciertas correcciones. Hay veces en que el tiempo es muy limitado para terminar un proyecto. Asegúrese de dárselo a un empleado que pueda manejar este corto plazo. Quizás quiera delegar esta responsabilidad a un empleado que este familiarizado con el proyecto, o a uno que necesita poca supervisión para realizar el trabajo y tiene un historial de terminar a tiempo los proyectos y con buenos resultados. Una cosa que no recomendaría es darlo a un empleado cuyo historial de trabajo no es muy familiar para usted. Una vez que haya dado a empleado una asignación haga un registro de él. Póngalo en su planificador o en un calendario de la oficina. De esta manera tiene usted las fechas disponibles, cuando fue el proyecto asignado, la fecha de plazo del proyecto, y el empleado a cargo de el. También puede crear un archivo en su computadora. Cualquier forma que sea más conveniente para usted. Cuando delegue asignaciones, hágale saber al empleado cómo quisiera que se reportara con usted. Si es un empleado nuevo y no esta usted familiarizado con su trabajo pudiera solicitarle que se reporte con usted una vez o dos veces por semana, dependiendo del trabajo.

Si es un trabajo complicado usted podría dárselo a un empleado con el cual usted esta familiarizado. Posiblemente puede hacer que los empleados se reporten una vez cada dos semanas o una vez al mes, dependiendo del tipo de trabajo. Cualquiera que sea siempre fije las fechas para reunirse con el (los) empleado(s). Durante estas reuniones usted puede supervisar el progreso. Esto también le dará la oportunidad de revisar el trabajo y guiarlos cuando sea necesario.

Si usted delega un trabajo a un empleado y parece inseguro acerca de lo que esta haciendo, regrese y vea si sus instrucciones y objetivos fueron claros. Fije una reunión con el empleado para asegurarse que haya entendido la asignación dada por usted. Si es necesario, revisen las instrucciones de nuevo y encamine al empleado para que vaya en la dirección correcta. Seria conveniente si el empleado repitiera sus instrucciones para verificar que entendió o le ponga ejemplos o le de direcciones de lo que se espera como resultado final. De esta manera, cualquier malentendido o falta de comunicación se puede arreglar en la reunión. Asegúrese de calendarizar reuniones con el empleado para aclarar confusiones. No es necesario hacer esto de manera sistemática, normalmente sucede con empleados en nuevas asignaciones o cuando usted no esta familiarizado con el historial de trabajo del empleado.

Cuando asigne un proyecto a un empleado, hágale saber en primer lugar la razón por la que fue escogido para realizar ese trabajo. Comuníquele la confianza que le tiene y que por esa razón le asigno el trabajo hágale saber que usted confía en que puede realizar el trabajo de manera excepcional. Esto en sí debería entablar el nivel de confianza para salir adelante con el trabajo. Al principio, la mayoría de los empleados no se sienten cómodos con la autorización para la toma de decisiones. Puede ser algo muy nuevo para ellos. Se pueden sentir inquietos porque están realizando un proyecto para el jefe. Cuando delegue autoridad comunique también las expectativas, es importante que todas las instrucciones sean claras. Puede escribir o grabar sus instrucciones para que el empleado lo tenga como referencia. <u>Esto ayudara a que el empleado no tenga que acudir a usted reportándole cada detalle.</u>

Con instrucciones escritas, la seguridad de que se está haciendo el trabajo correctamente está en papel.

Al principio quizás tome tiempo, pero debemos enfocarnos en los resultados. De esta manera podrá delegar trabajos prioritarios o proyectos importantes y podrá confiar en ese empleado porque lo ha capacitado a través de otros proyectos.

Ejemplo: Fui miembro de un gimnasio donde no se le daba autoridad a los empleados. El primer día que acudí esperé treinta minutos para que el gerente me mostrara el lugar. Solamente él estaba autorizado para inscribir a posibles miembros y hacer un recorrido por las instalaciones del gimnasio. Mientras esperaba al gerente algunos de los empleados estaban parados alrededor del área de recepción platicando. Pregunté si alguno de ellos podría inscribirme y darme un recorrido. El empleado del mostrador me informó que solamente los gerentes daban los recorridos e inscribían a los nuevos miembros. Mientras tanto, esperé otros quince minutos hasta que fue mi turno para que el gerente me diera el recorrido.

Una vez que terminamos el recorrido, me percate que no era difícil dar un recorrido. Esperé hasta que el gerente termino para poder hacerle alguna pregunta. Entonces le pregunté si los empleados tenían conocimiento del equipo que había en el gimnasio y si podrían dar un recorrido. El gerente me contestó, "si ellos pueden, se les solicita que vayan a un curso de entrenamiento para que tengan conocimiento sobre el equipo y las instalaciones, de la misma manera que lo tienen los gerentes. Vino entonces la pregunta clave, "¿Pueden ellos proporcionar recorridos a posibles clientes y a los nuevos miembros?" El gerente contestó, "oh sí, absolutamente, pero es política de la compañía que los gerentes den los recorridos e inscriban a los nuevos miembros, siempre se ha hecho de esa manera".

¿Cuántas veces ha escuchado eso? **"Siempre se ha hecho de esa manera."** No permita que esta frase sea una regla en su organización. Deseche esas antiguas costumbres y permita que nuevas y frescas ideas impulsen a su organización. No sea ortodoxo, haga algo diferente, permita que su compañía se destaque. Los procedimientos anticuados no permiten que los empleados alcancen su mejor potencial o sean parte de la organización.

Los Errores Pueden Suceder

Cuando capacite a los empleados mantenga una mente abierta y permita un margen de errores. Solo aprendiendo de los errores se puede crecer y obtener experiencia. ¿De que otra forma aprenderán las funciones que se les asignan si no se les permite cometer errores?

Los errores pueden ser una experiencia de crecimiento para ese empleado. No critique o discipline a los empleados por sus errores. Enséñeles a como mejorar y no asuma que todos piensan como usted. Sea flexible al cambio, todos tienen su punto de vista que puede ser diferente de cómo hacer las cosas. Recuerde, la persona que esta haciendo el trabajo quizás no lo haga bien al principio, o como usted lo hace, sin embargo, con entrenamiento y asistencia ellos mejoraran. No olvide reconocer sus talentos y felicítelos cuando realicen algo bien.

Al dar autoridad a sus empleados apóyelos para que sean mejores empleados. ¡Nadie está diciendo: de a sus empleados un proyecto importante y espere que ellos lo realicen a la perfección! Empiece con pasitos y con su ayuda y entrenamiento, demuéstreles su verdadero potencial. Déles proyectos pequeños que puedan realizar con éxito, eventualmente estarán listos para llevar a cabo proyectos importantes. Anime a sus empleados a ser parte del negocio, a ser parte de la visión, y sobre todo, a pertenecer al equipo.

Permita que sus empleados sientan la confianza que tanto usted como la organización valora sus contribuciones. Hágales saber que lo que están haciendo es importante para la empresa. Esto es importante porque construirá la confianza en ese empleado. Recuerde se van a cometer errores y una lección se va a aprender, por lo tanto, deles espacio para crecer y cometer errores, y felicítelos por sus logros.

Apremie a sus empleados mostrándoles que usted reconoce sus logros. Con la tecnología de hoy usted puede imprimir un certificado en la computadora de su oficina, elógielos en frente de sus compañeros, o haga un documento de reconocimiento y colóquelo en el archivo de los empleados. Hay muchas formas de recompensar a los empleados sin tener que gastar mucho tiempo o dinero.

Hay diversas maneras para reconocer a los empleados. Por ejemplo, empleado del mes, empleado de medio año, empleado del año. Usted puede escoger cualquiera, la opción es suya. Básicamente, el punto es que el empleado que hace un trabajo extraordinario reciba un reconocimiento. Equilibre el reconocimiento con el logro.

He visto placas en muchos lugares de trabajo. Placas hechas con estrellas del mes, empleado del mes, la persona mas exitosa del mes, con los nombres de los empleados y/o la foto en la placa. Usted puede crear su propio titulo para la placa de su organización.

Ejemplo: Trabaje en un lugar donde la profesión era salvar vidas. Un supervisor compró unas cuantas bolsas de dulces de salvavidas e hizo unos certificados que decían "gracias por ser un salva vidas". Pegaron el dulce al certificado y lo distribuyeron a todos los empleados.

Hay muchas formas de reconocer y hacer que los empleados se sientan apreciados. La mayoría de las veces, una palmadita en la espalda o reconocimiento de buen trabajo es suficiente.

Tomando Decisiones

La toma de decisiones es un esfuerzo consciente. Diariamente decidimos sobre varias opciones que afectan nuestras vidas. Cuando tenemos que decidir sobre algo, vemos las alternativas que tenemos, las opciones y lo que estamos dispuestos a aceptar, y le llamamos toma de decisiones. Los gerentes pueden usar tipos o estilos diversos en la toma de decisión.

- ✓ **Decisión por autoridad**
  - o La persona que tiene que hacer la decisión
- ✓ **Decisión por minoría**
  - o Pequeño grupo de empleados que ejercen su influencia sobre la mayoría
- • **El Proceso democrático**
  - o La regla-de mayoría con la mayoría de votos
- ✓ **Decisión por consenso**
  - o Encontrar la solución que es aceptada por todos
- ✓ **Decisión por unanimidad**
  - o Cuando todos los miembros están de acuerdo

MODELO DEL IMPACTO

La solución a los problemas es observar la situación y figurar la mejor solución. Es bueno tener **IMPACTO** en la habilidad para resolver problemas. La teoría del **IMPACTO** es un modelo para ayudar a la solución de problemas. Esta teoría puede ser utilizada para planear una mejora en las actividades, desarrollar una carrera, planear estrategias, o actividades cotidianas.

IMPACTO

I   identifica el problema / asunto

M   medida a tomar

P   plan

A   acción

C   cambio

T   tiempo

I – Identifique el problema/asunto
Reúna los hechos

- ¿Cual es el problema/asunto?
- ¿A quien envuelve/afecta? (inversionistas, público, organización, empleados)
- ¿Cuándo sucedió?-¿marco de tiempo?
- ¿Dónde sucedió? (dentro/fuera de la compañía)
- ¿Por qué sucedió?
- ¿Cuál fue la causa?
- ¿Cómo fue descubierto? (interno/externo)
- ¿Cómo serán afectadas las personas envueltas?
- ¿Cómo puede ser solucionado?

Resolviendo el problema-Desarrollando una solución

- ¿Cuál solución puede resolver el problema?
- Tener mas de una solución, comience con la mejor
- ¿A quien impactara?
- ¿Qué solucionara?
  - Lo resolverá directamente/indirectamente
  - Solución inmediata (rápido pero que no compone el problema)
  - Solución a largo plazo/corto plazo

M-Medidas a tomar –Tome las medidas necesarias que puedan ser monitoreadas.

¿Cómo sabremos que tuvimos éxito?

- Medida-Tome las medidas que se puedan comprobar
  - o ¿Qué medirá para saber si es exitoso?
  - o Debe medir lo que usted esta tratando de lograr
  - o ¿Cómo lo vamos a medir?
  - o ¿Qué herramientas o recursos tenemos disponibles para medir nuestros planes
  - o Planee los objetivos y las metas

P-planear lo es todo

Ponga la solución en el plan

- – Planee que necesita hacer para lograr que suceda
- – Que herramientas y recursos "necesitamos" para hacer nuestro plan efectivo
- – Investigue el plan
- – Lea, reúna, vea los recursos
- – Vea que es lo que ya se ha logrado
- – Que tuvo éxito y que no

Planee lo que necesita para lograr que esto suceda. ¿Qué necesita hacer para que su plan sea efectivo? Investigue su plan a través de la lectura, reuniones/relacionarse con gente que ya han tenido esta experiencia. Observe que hicieron otros, ¿tuvieron éxito?

A-Acción-ponga su plan en acción, y supervise por si hay cambios

- ■ A – acción-actué cuanto tenga el plan a seguir ¿está funcionando?

C –Cambio: **Esté preparado para hacer cambios**

■ ¿Qué cambios necesita hacer para implementar este plan?

■ La mayoría de los planes que han tenido éxito han sido modificados antes de llegar a ser perfectos. Los planes con éxito requieren flexibilidad. Sea flexible en los cambios hasta que perfeccione su plan.

T – **El tiempo lo es todo:**

• Proporcione cierto tiempo para su plan

• ¿Cuánto tiempo le llevará al triunfo con este plan? Establezca un límite de tiempo y manténgalo.

• ¿Es este el tiempo correcto para implementar este proceso?

EJECUCION DE CAMBIO

Muchas organizaciones están cambiando la manera en la que manejan un negocio. Cambian el servicio de atención al cliente, implementan nueva tecnología, o capacitación, por lo general para la mayoría de empleados es difícil adaptarse al cambio. Se ha demostrado que la gente teme y resiente lo que no sabe o lo que no entiende. Cuando implemente cambios dentro de la organización, adopte ideas que vengan de los empleados y proporcione una amplia comunicación acerca de los cambios que ocurren. Los empleados deben ser parte del proceso del cambio. Debe permitírseles dar ideas a sus superiores con respecto a los cambios. Los estudios han demostrado que los empleados que son involucrados en el proceso del cambio se adaptan mejor. Estando implicado ayuda al personal a adaptarse y puede animar a cualquiera a "entrarle". Recuerde, los recursos humanos son sus mejores aliados. Los empleados saben que es necesario hacer para que su trabajo funcione de una manera eficiente y a un costo efectivo. Son asesores "gratis" para su organización.

La mayoría de estos empleados ha encontrado la manera de cómo hacer el trabajo más rápido, disminuir el costo en la producción o aumentar las ventas. Obtener ideas de los empleados es sabio y tiene un costo más efectivo que contratar asesores externos. No me lo tome a mal, el servicio de los asesores tiene un propósito, sin embargo, usted puede obtener la información necesaria de sus empleados también. Algunas organizaciones contratarán a asesores externos y gastarán millones de dólares para escuchar a alguien que no tiene ninguna idea sobre la organización o su cultura; cuando tienen sus propios asesores dentro de la organización (los empleados). Los patrones deben dirigirse a los empleados, buscar información de ellos que hacen el trabajo de una manera rutinaria, y están familiarizados con la cultura. Los empleados aprecian cuando los superiores están dispuestos a escuchar sus sugerencias. Permitirles que expresen sus ideas los hace sentir que su opinión importa. Escuche las ideas, las preocupaciones y sugerencias de los empleados, intente llevar a cabo esas sugerencias en la organización. Sin embargo, si hubiere razones por las cuales las sugerencias no pueden ser implementadas, explique al empleado estas razones y el porque el cambio no podrá ocurrir. Si es por razones financieras, políticas de la empresa o simplemente porque no son factibles, comuníqueselo al empleado. Si es una cuestión que no puede ser discutida, hágale saber que no lo puede discutir y no lo discuta.

Haga lo que haga no embellezca las razones sea siempre honesto. Los empleados le respetaran mucho más por decir la verdad. Pueden no estar de acuerdo con su respuesta, sin embargo, siempre estarán en mejor disposición para entender. La gente tiende a aceptar las cosas mejor cuando se es honesto. Cada vez que pueda, y si el tiempo lo permite, tome tiempo para explicar por qué el cambio ocurrió y por qué usted no pudo darles información crítica o importante.

Si las organizaciones marcan las pautas a "sus" empleados de lo que se quiere lograr y les autorizan a tomar decisiones, encontraran que serán mucho mas productivos de lo que alguna vez se imaginaron. Los empleados desean hacer un buen trabajo, desean conducir los estudios, formar parte de los comités importantes y obtener información para terminar el proyecto. Desafortunadamente, algunas veces se prefiere pagar un alto costo por consulta externa que interna. Los beneficios de consultar con los empleados son muy efectivos porque promueve el envolvimiento de los empleados en la toma de decisiones y la implementación.

Cuando se dirige un negocio se debe crear una "Sociedad" con los empleados. "Nosotros" es la palabra clave que demuestra trabajo en equipo y colaboración. Pregunte al empleado que "podemos" hacer para que "nuestra" organización sea más eficaz y productiva. Estas palabras implican inclusión, y muestra que todos somos parte de un equipo. Utilice este método y vea la cantidad de buenas ideas que serán propuestas por su personal. Los empleados que se comprometen sienten que tienen una obligación con la organización, y un sentido de propiedad con la compañía. Usted puede sentir pertenencia con el negocio de otro o con su propia organización como un "intrapreneur" (tener la capacidad de operar el negocio de otra persona, utilizando su habilidad, talento, y experiencia). Permita que los empleados tengan autoridad para realizar un proyecto o una asignación. Sus ideas innovadoras incrementaran la productividad en la compañía. Permita que los empleados tomen riesgos así como usted lo hizo.

Usted no va a poner en riesgo la liquidez de la empresa o va a permitir que el capital disminuya; simplemente le estoy sugiriendo que permita a sus empleados ser creativos sin tener miedo de cometer errores.

La mayoría de los empleados tienen buenas ideas para reducir costos y ahorrar dinero de la compañía (por ejemplo, algún cambio de política de la empresa para hacer el negocio más productivo, o una alguna manera de levantar la moral, o un nuevo concepto para ahorrar dinero). Cualquiera que sea el cambio permita que los empleados utilicen sus mentes para implementarlo. Usted puede supervisar el progreso y si no esta seguro si el programa funcionará puede crear un programa piloto.

Un programa piloto es probar un producto, un cambio, o una idea en cierto tiempo. Al término de este tiempo el programa se evalúa para saber si será en beneficio de la organización. Por ejemplo: Digamos que se pondrá a prueba un equipo de cómputo para evaluar si será conveniente para la corporación. El periodo señalado será de 30 días. Si la idea funciona, se puede implementar el cambio en la organización. Si no funciona, no se ha perdido nada pero los empleados habrán ganado confianza. Sentirán que usted valora su capacidad de innovación y de ser creativos y se sentirán parte de la organización. Pero sobre todo, se ha creado la auto-confianza en los empleados lo que les ayudara a desarrollar sus deberes a su máxima capacidad.

En mi opinión, no hay empleados que quieran realizar su trabajo de manera inadecuada. Los buenos empleados son como tesoros. Así que cuando cuente con gente valiosa, ¡trátelos como tal! Es difícil encontrar empleados con buenas cualidades, pero en muchas ocasiones los buenos empleados están en frente de nosotros. ¿Se imagina una empresa llena de gente innovadora? Seguramente se convertirá en el próximo Bill Gates, un millonario.

Trate a sus empleados con respeto. Deje que la imaginación y la creatividad fluyan para prosperidad del negocio. Elogie y aliéntelos cuando tomen riesgos, en vez de castigos y disciplina. Celebre los éxitos de aquellos que promueven beneficios o ganancias para la organización. Permita que el área de trabajo sea positiva y un lugar de crecimiento.

Cuando un empleado tiene una queja

Cuando un empleado tiene un problema y lo trae a tu atención, tómelo en serio. Lo peor que se puede hacer es ignorarlo. Valide su queja haciéndole saber que investigara la situación, esta es la mejor forma para ganarse el respeto de su empleado. Hágale saber que usted le dará información al respecto dentro de cierto tiempo. Con algunas quejas no se puede decir el resultado pero hágale saber que la situación será discutida. Si es factible, pregunte que le gustaría que se hiciera. La mayoría de las veces esto es requerido para saber como tratar la situación.

Cuando una queja es traída a su atención <u>verifique los hechos primero.</u> No puedo enfatizar esto suficientemente. Esto quiere decir que investigue la queja. No asuma que todo lo que oye es verdad. *Hay tres lados en cada historia.* El lado acusador, el lado acusado, y la verdad. Su trabajo es encontrar la verdad. Inicie por preguntar a las personas implicadas y hacer un resumen de sus declaraciones y de la información obtenida. Haga lo que haga, documente, documente, documente. Escriba su información luego evalué los hechos y las declaraciones antes de tomar una decisión.

La decisión tomada debe ser objetiva, justa e imparcial. Tome la decisión basada en los hechos recopilados. No haga una decisión basada en emoción; se arrepentirá después. Algunas veces es conveniente observar la situación antes de reaccionar y tomar una decisión. Pero sea lo que sea no lo ignore. Si hay que aplicar alguna medida disciplinaria, nunca diga a los otros empleados que el acusado ha sido disciplinado por sus acciones.

Recuerde el dicho "las acciones hablan mas fuertes que las palabras", si tiene usted que disciplinar a un empleado la reacción de él a esta disciplina será notada por los demás. Por lo tanto, otros empleados verán la diferencia. Algunas veces no será este el caso, sin embargo, los resultados serán obvios si usted es consistente con proceso disciplinario; o quizá el empleado decida renunciar a su trabajo. Normalmente no se llega a este extremo, sin embargo, si se llegase hasta este punto con el proceso de disciplina, eso quiere decir que los problemas han existido desde antes y que finalmente se están tomando las medidas de reprensión necesarias.

Supervisión entre Amigos

La supervisión entre amigos puede ser una situación difícil, especialmente si estos amigos han sido compañeros de trabajo con anterioridad. ¿Cree usted que la mayoría de sus amigos lo respetarían en su nueva posición? Posiblemente esto puede ser verdad hasta cierto punto, sin embargo la mayoría de sus amigos sentirán que pueden salirse con la suya ahora que usted es el nuevo jefe. Cuando esto suceda con compañeros de trabajo que también son amigos establezca inmediatamente las normas. Balancee su nuevo rol de supervisión con su relación personal equilibre entre profesión y amistad.

La mejor manera de tratar esta situación es estableciendo reglas y expectativas. Recuerde hay que mantenerse justo e imparcial con amigos que son también subordinados. Dé el mismo trato a todos y trate a cada uno igual. Discuta sus expectativas en una reunión de equipo para que cada uno pueda escuchar su mensaje. Hágales saber que es lo que usted espera de ellos y que pueden esperar de usted.

No discuta expectativas solo con sus amigos por que las reglas deben de aplicarse uniformemente con todos. Sus acciones y su supervisión imparcial deberán enviar un mensaje claro a todos, incluyendo a sus amigos. ¿Recuerda las expectativas que escribió anteriormente? Ahora es tiempo para compartirlas con ellos y proporcionarles el mapa para llegar allí.

Si sus amigos deciden hablar con usted acerca de un asunto sea abierto y honesto acerca de sus estándares y decisiones. Como un supervisor recuerde ser usted mismo, llegar a posiciones de supervisión para algunos puede ser demasiado. Como amigo, permita que sus amigos sepan que usted los respeta y que siempre será justo e imparcial. Que usted no hará decisiones basadas en amistad, sino en éticas e integridad solamente. Hágales saber que quiere hacer lo mejor como líder y que le gustaría tener el apoyo de ellos, ellos podrán respetarlo solamente con esto. Tenga en cuenta que la mayoría de los amigos preferirán conservar su amistad así es que ellos no querrán comprometer su carrera. Si lo hacen – pues para empezar ¿de veras eran sus amigos?

¿Que les sucede a los amigos cuando algo no va de acuerdo con ellos?

¿Qué sucede cuando los amigos apoyan hasta que algo no va de acuerdo con ellos o cuando son disciplinados? Siendo este el caso, recuerde centrarse en los hechos y no permita que sus emociones lo guíen. Es por esta razón que es tan importante establecer expectativas desde el principio; para que los amigos entiendan su papel como un líder, y no como amigo. Su rol es ser líder con ejemplo, y permanecer justo e imparcial bajo cualquier circunstancia.

Compañeros que están resentidos por su ascenso

Cuando un compañero este celoso por su nueva posición, nunca alimente este sentimiento o permita que haya resentimientos. Trate a ese compañero resentido como cualquier otro empleado en el equipo. Si una persona hace un buen trabajo y usted normalmente le elogiaría, entonces haga lo mismo con el empleado resentido. Si su desempeño necesita mejorar, haga lo que haría con otros empleados.

Si es necesario, tenga una reunión para resolver cualquier asunto que el empleado este experimentando. Normalmente cuando un empleado es confrontado con este tipo de asuntos tiende a cambiar su comportamiento. Esto puede no ser verdad para todos así es utilice otras alternativas si el empleado no esta preparado para discutir el asunto. Sin embargo, entre mas pronto trate el asunto tendrá una mejor visión de lo que puede esperar entre ustedes dos.

Como tratar a los empleados "difíciles"

El tratar con empleados difíciles puede ser incomodo y demanda mucho tiempo. Pueden hacer que su trabajo sea más complicado de lo que usted quiere que sea. Los empleados pueden ser difíciles por muchas razones: no llegar a tiempo al trabajo, reportarse enfermo con frecuencia, no participar en equipo, o estar descontentos con todo y con todos. ¿Mencioné alguien que usted conoce?

Estos empleados pueden tener un impacto negativo en el resto del equipo y la organización. Dependiendo del problema y la severidad de la situación, tenga una reunión a solas con el empleado. Sea firme con sus expectativas. Si tiene problemas de desempeño notifíquele su estándar de funcionamiento y que se espera de él. Califique su desempeño de ser necesario.

Disciplina

¿Cuándo es la disciplina necesaria? La disciplina entra en acción cuando un empleado viola una regla o procedimiento y el supervisor siente que es necesario documentar el incidente. Se puede documentar un incidente sin tener que ser forzosamente una medida disciplinaria. Puede ser una acción correctiva o para asentar como comportarse apropiadamente. La disciplina debe ser administrada con mesura pero debe ser efectiva. Sin embargo, la situación puede escalar si el empleado no corrige su acción o su manera de ser. Disciplina significa básicamente el tratar de cambiar una actitud negativa a una positiva por medio de la acción correctiva.

Disciplinar a un empleado no es necesariamente la parte más amable del trabajo. Sin embargo, en cualquier posición de liderazgo, tarde o temprano se presentara la ocasión. Cuando discipline a un empleado especifique claramente cual es el problema. Hágale saber al empleado que regla fue transgredida. Si es posible, proporcione al empleado una copia de la regla que se quebranto para futura referencia.

La decisión de disciplinar a alguien puede ser difícil. Le animo a que sea creativo y sutil cuando se encuentre en esta situación. Concéntrese en el problema y no en la persona. Cuando disciplinamos a los empleados estamos buscando resultados positivos en la corrección a problemas. Manténganse objetivo en lo que es mejor para el empleado y la organización. Una vez que haya hecho su decisión sea consistente y permanezca firme.

Los líderes que no se apegan a los procedimientos de disciplina, no se les cree en lo que están haciendo. Prepárese cuando discipline, tenga los papeles con usted, y sepa que es lo que va a decir. Le ayudará durante el procedimiento. Estar en esta posición no es fácil, y ser líder no siempre nos trae gloria. Como líder, se espera de usted: apagar fuegos y mantenerlos apagados, y los que no se puedan apagar, se espera que los controle. Después de todo, usted es el líder, y eso es parte de su trabajo.

Cuando se disciplina a los empleados hay que recordar una simple regla: **tratar a los demás como nos gustaría ser tratado.** Cuando tenga que lidiar con una situación que puede ser conflictiva o le haga sentir incomodo, reflexione antes de actuar y determine su implicación personal. Si necesita repasar los acontecimientos o más tiempo para reflexionar, hágalo antes de acercarse al empleado involucrado. Vea la situación como un problema. Pregúntese así mismo"¿Cual es el problema?" ¿Que hizo el empleado? ¿Que regla se rompió? Compare con el manual de procedimientos (reglas y regulaciones). La mayoría de los empleados conocen estas reglas y regulaciones, y saben cuando las están transgrediendo. Algunos quizás desconozcan o no estén conscientes de estas reglas; por lo que les daremos el beneficio de la duda.

Nunca acuse al empleado. Pregúntele si está consciente de que está rompiendo una regla. Asegúrese de tener el manual de procedimientos con usted para que pueda señalar la violación. Una vez que se la haya mostrado al empleado, asegúrese de que este entienda las reglas y regulaciones de la empresa. Esto le evitara encontrarse en la misma situación en futuras ocasiones con el mismo empleado.

Cuando tenga que ocuparse de un conflicto o disciplinar a alguien, aplique su PA (Pregunte antes de Acusar). No se tiene que ir a la escuela para obtener un PA. El sentido humano y el respeto esta en el corazón y no se aprende en la escuela. La próxima vez que tenga que enfrentar una situación difícil, recuerde su PA, Pregunte antes de Acusar.

Sea especifico enséñeles que regla han violado. A la mayoría de los empleados no les gusta o no aprecian que se les discipline. No olvide que esta hablando con un adulto. Una vez que haya señalado cual fue la violación, escuche que es lo que el empleado tiene que decir. Dele una oportunidad para que diga algo a su favor. Quizá nada cambie, pero normalmente son mas receptivos y es mas fácil hacer la llamada de atención.

Siempre maneje una situación disciplinaria con tacto. Nunca se ponga a la defensiva. Recuerde que usted no es el problema, usted solamente esta señalando el problema. Permanezca objetivo; recuerde usted no es juez ni jurado. Su trabajo es permanecer imparcial, observe la situación y los hechos, y ayude a resolver al problema con una solución viable. Nunca aborde un problema o una situación y lo deje sin resolver.

Cuando se va a disciplinar, la documentación es importante. Hay dos tipos de documentos que se manejan en estas situaciones. El primero es un asesoramiento documentado que se podría considerar como una llamada de atención informal en algunas organizaciones. El otro es una acción correctiva, que esta generalmente considerada como una advertencia escrita. De esta manera se tiene la certeza de que el empleado ha sido informado sobre su acción o comportamiento sin ser considerado como un tipo de disciplina. La forma de disciplinar más común es el asesoramiento documentado, sin embargo; yo utilizaría la forma de acción correctiva primero aunque la situación no fuese seria.

El asesoramiento documentado es una sesión que usted tiene con el empleado con respecto a una acción correctiva que necesita ser documentada. La documentación es la discusión y resultado de este asesoramiento y del resultado previsto.

¿Hay una mejor forma de disciplinar a los empleados? No sé sabe con precisión. A ningún empleado le gusta recibir una llamada de atención o de disciplina, y a ningún supervisor le gusta aplicar este tipo de acciones. El disciplinar a los empleados es muy difícil; por lo tanto, deje que sea parte del trabajo solo cuando sea necesario. Cuado se va a disciplinar a un empleado por su comportamiento o su desempeño en el trabajo se debe hacer en privado. No se debe disciplinar a un empleado delante de sus compañeros o en el área de trabajo.

Al orientar a los empleados en cuanto al sistema de disciplina, trátelos cómo usted quiera ser tratado. No rebaje al empleado por sus acciones. Hable acerca del problema. Obtenga información del porqué de sus acciones. Trate de ayudarlo con soluciones viables para corregir el problema. Generalmente los empleados quieren hacer lo correcto, así es que si se ha traído algo a su atención trataran de componer el problema corrigiendo su error. Deles tiempo para corregir el problema.

Se puede trabajar con el empleado utilizando la teoría del IMPACTO desarrollando una estrategia para mejorar su desempeño. La teoría del IMPACTO permitirá que el empleado fije metas y se esfuerce por mejorar su comportamiento, acciones, o desempeño. Usted actuara como un guía o líder para asistirlo con este plan.

También, sepa la diferencia entre "necesidad" de disciplinar y un error. Los errores van a suceder, los empleados cometerán errores. Así es que sea cuidadoso para identificar los dos antes de ponerle tinta y papel. Cuando los empleados cometen errores deles espacio para que crezcan, especialmente si es un nuevo proyecto. Esto se llama entrenamiento y tutoría. Usted esta ayudando al empleado a desarrollar nuevas habilidades.

Si un empleado comete un error que debe ser documentado utilice esto como una herramienta de entrenamiento. Platique con él sobre el error y proponga una solución o una mejor manera de manejar la situación. Acuerde con el como corregir el problema.

La finalidad de la documentación al disciplinar es hacer que el empleado mejore en su trabajo, cambiar sus malas actitudes. No se le castigara o se le despedirá. Recuerde estos empleados son importantes y valiosos. Si usted los destituye de su organización, otra organización considerara su potencial y les permitirá brillar, y cosecharan todas las ventajas que su organización no pudo.

EJEMPLO DEL IMPACTO:

I Tardanza-tener problemas para llegar a tiempo a trabajar
Solución: estar en el trabajo diez minutos más temprano
diariamente

1. Coloque el despertador 15 minutos adelantados
2. Salir de la casa 10 minutos antes
3. Dormir bien para que despierte fresco en la mañana

M Revisar el plan al finalizar la semana y checar el expedien-
te si hay retardos, archivar y considerar si la persona está
siguiendo las reglas en cuanto a la puntualidad.

P La persona también tendrá un amigo que le llamara 15
minutos después de que su despertador suene para asegurarse que se ha levantado de la cama y esta preparándose
para el trabajo. Este proceso continuara por 30 días.

A El plan comenzara inmediatamente y después de 15 días,
se revisara el plan para evaluar si esta funcionando.

C No se necesitan cambios en este periodo ya que todavía
esta en una etapa inicial.

T El plan terminara en 30 días (fecha) dependiendo de los
resultados.

Dafna Vann-Gauthier

Acuerdos: Estos son los términos y condiciones que el supervisor (mentor) y el empleado acuerdan en la reunión inicial.

El mentor y la persona se reunirán cada viernes por 30 minutos antes de cerrar para revisar el archivo de puntualidad de la persona. Al final de 30 días, la persona será reevaluada para determinar la duración del programa y ver si ha habido cambios. De no haber mejoría, la persona esta consiente que acciones disciplinarias serán tomadas en su contra y podrían concluir con la terminación del empleo.

Comentarios:

_____

_____

_____

_____

Nombre   **Fecha**   **Supervisor**   **Fecha**

Nombre de la Compañía

PARA: División archivo de (nombre del empleado)   **Fecha:**
Empleado Rango/Titulo

DE: **Nombre de los Supervisores**
Rango/Titulo

TEMA: AVISO DE CORRECCION

Este aviso le informa de un área que usted necesita corregir o mejorar. La presente notificación no significa acción disciplinaria, sin embargo, podría fundamentarla si sus acciones continúan y el problema no se resuelve a partir de esta fecha.

Área que necesita corrección o mejoría:

Especifique el área que se necesita corregir

Política o reglamento que ha sido violado:

Especifique la política o el reglamento que ha sido violado

Firma del Empleado (opcional)   **Fecha**

Nombre de la Compañía

PARA: El Archivo de la División (nombre del empleado)   Fecha

DE: Nombre del Supervisor
             Titulo

TEMA: **Asesoramiento Documentado**

En (Fecha y tiempo del incidente ocurrido) usted violo la regla (numero de regla) la cual estipula (copia del reglamento).

Describa en detalle que hizo el empleado cuando violo el reglamento, incluyendo fechas, horas, lugares, nombres. Lo que sea necesario para proporcionar información precisa tanto al empleado como a otros supervisores por si ellos necesitan leer esta documentación.

Escriba con precisión que solución fue sugerida al empleado para corregir el problema.

Firma del empleado (opcional)   Fecha

Lista de cómo manejar problemas con empleados

---

1. Indique el problema o la situación

2. Explique cómo las acciones están en conflicto con el reglamento de la empresa (provea una copia del manual de procedimientos)

3. Pida al empleado que se apegue al reglamento

4. Explique la acción adicional (futura) que será tomada como disciplina

5. Documente la situación (si es necesario)

6. Supervise la situación para asegurarse que no continúe

7. Mencione algo positivo a los empleados (después de supervisar la situación y cuando esta ya ha sido corregida, notifique a los empleados su agradecimiento por brindar su cooperación. Esto permite a los empleados ver que el supervisor está poniendo atención.

Ejemplo del empleado que no coopera con los estándares de desarrollo

☐ Problema: Estándares de presentación que no han sido seguidos

☐ Especifique porqué o qué esta fuera de conformidad (ejemplo: la ropa)

☐ Explique la política que señala la ropa apropiada

☐ Aconseje a los empleados a cumplir esta política

☐ Informe a los empleados que de no observar esta política, se tomaran acciones adicionales

☐ Documente la situación

☐ Supervise la situación

☐ Haga comentarios positivos a los empleados que mejoran y se apegan a las reglas.

Evaluación de Asistencia

Las evaluaciones de asistencia también son importantes. Si un empleado no es confiable y no se presenta a trabajar, ¿Como resolver este problema? Algunas organizaciones no proporcionan evaluaciones de asistencia; sin embargo, si su organización tiene una política de asistencia usted puede utilizarla como pauta para medir la asistencia de un empleado.

Generalmente, cuando la organización paga el salario por enfermedad, se enfrentan problemas de asistencia. Por otro lado las organizaciones que no pagan las ausencias por enfermedad no enfrentan este problema ya que no se le paga al empleado cuando no se presentan por enfermedad. Los empleados normalmente utilizan tiempo de vacaciones, o ausencia sin pago. Cualquiera que sea el caso, los empleados con problemas de asistencia necesitan ser corregidos. Si usted tiene un empleado con un record de asistencia pobre puede utilizar la forma de asistencia que se dio como ejemplo. La forma de asistencia puede ser el inicio de su documentación notificando al empleado que hay un problema.

Como líder, usted querrá ayudar al empleado con metas o soluciones para resolver el problema. Puede utilizar las mencionadas en los capítulos anteriores o la teoría del IMPACTO para ayudar al empleado a resolver el problema. La meta es mejorar su asistencia.

Cuando evalué la asistencia de un empleado, usted tiene cuatro niveles para escoger (tales como excelente, satisfactorio, necesita mejoría, e insatisfactorio). Si su compañía ofrece beneficios de ausencia por enfermedad, seria conveniente implementar políticas o pautas para clasificar el ausentismo de una manera consistente.

Aunque las situaciones varían, necesitara aplicar su juicio para obtener resultados que sean satisfactorios para usted y para la organización. La clave para la evaluación de asistencia es mantener a los empleados en la línea adecuada y ayudarles a ser confiables y responsables.

REVISION DE ASISTENCIA

Evaluaciones de Funciones

La evaluación de funciones es un documento que hace saber al empleado el progreso de su desempeño y calidad de trabajo. Proporciona referencias de cómo la empresa mide su trabajo en comparación de los estándares que tiene. También da oportunidad para establecer metas y mejorar en áreas donde se necesita.

La evaluación de funciones ayuda a los empleados a mejorar y a desarrollar habilidades nuevas. Los buenos líderes manejan efectivamente esta herramienta proporcionando información constante al empleado, ofrecen soluciones para mejorar y proporcionan ayuda continua para alcanzar sus metas profesionales. La evaluación de funciones puede ser revisada cada 3, 6, 9, o 12 meses, dependiendo de la organización, del empleado, y del líder. Utilice estas evaluaciones para reconocer el esfuerzo de sus empleados, su colaboración, y áreas en las que han mejorado.

Cuando evalúe a un empleado, tenga las expectativas que se esperan de él así como la descripción de su trabajo (*la descripción de trabajo-es un escrito que precisa la función del empleado, sus responsabilidades, y como realizarlas efectivamente). Si un empleado trabaja en una clasificación mas alta que su asignación normal, tenga esa descripción disponible también. Discuta los logros, las metas, y las mejoras; y aunque estas evaluaciones deben un dialogo entre las dos partes, evaluado y evaluado, conviene que los aspectos a mejorar y metas a cumplir finalmente las señale el supervisor.

Las evaluaciones de funcionamiento se utilizan como herramientas de aprendizaje para ayudar a los empleados a superarse. Nunca discipline a un empleado durante una evaluación, o mencione por primera vez, algún incidente que paso hace mucho tiempo. Esto se separa de una evaluación. Cuando ocurran estos incidentes, los empleados deben ser notificados inmediatamente. Sin embargo, si el incidente sucedió recientemente al momento de la evaluación de funcionamiento, entonces puede ser incluido. Pero, a continuación se sugiere cómo tratarlo:

Ejemplo

Hace seis meses usted disciplino a un empleado por su asistencia y desde entonces el empleado ha mejorado. Mencione esto en la evaluación para mostrarle al empleado que usted ha notado la mejoría.

Asistencia: Ha habido una gran mejoría en la asistencia al trabajo de XXX (nombre). Su formalidad es en beneficio de la organización y su esfuerzo no pasa desapercibido.

Usted no menciono la disciplina, pero notifico al empleado que ha notado una mejoría y que su formalidad es una contribución a la organización.

Los empleados deberán saber si están logrando o excediendo los estándares de la compañía. Proporcione evaluaciones de funcionamiento para sus empleados de una manera regular.

Las evaluaciones pueden ser de diferentes formas dependiendo de la compañía. En general las evaluaciones tienen un sistema de rango en diferentes objetivos de funcionamiento. Algunas evaluaciones son muy precisas y generalmente incluyen el titulo y una descripción del funcionamiento general del empleado. Si su organización no cuenta con estas evaluaciones de funcionamiento elabore usted un documento parar este fin y de a sus empleados estas evaluaciones. Hay diferentes maneras de evaluar o de valorar a los empleados. Puede usted utilizar los formatos ilustrados en el apéndice A.

Calificar el funcionamiento con rangos es una buena forma para evaluar de "compañero a compañero", de "jefe a subordinado", de "subordinado a jefe", o de "auto-evaluación". A comparación de la evaluación comprensiva, el uso de rangos no toma mucho tiempo.

Las evaluaciones de **"compañero a compañero"** pueden usarse cuando dos empleados en el mismo nivel pueden evaluarse el uno al otro. Esta herramienta es la más eficaz ya que entre compañeros el objetivo común es mejorar el desempeño en el trabajo.

El compañero que evalúa debe tener la opción de firmar la evaluación o de permanecer como anónimo. Esta es la clave para evaluar a su compañero justa e imparcialmente. La mayoría de los compañeros permanecen anónimos por temor a la presión o resentimientos. Lo positivo de las evaluaciones de compañero a compañero es que como trabajan juntos diariamente, ellos están más familiarizados con el funcionamiento de su compañero.

Un supervisor debe revisar esta evaluación antes de compartirla con el subordinado. Cada evaluación debe proveer información constructiva, y NO ser utilizada como una sesión de golpes entre compañeros de trabajo. Esta es la razón por la que los supervisores deben revisar las evaluaciones antes de compartirlas con los empleados. Explique clara y precisamente las reglas a los subordinados para que entiendan como ser imparciales al evaluar a sus compañeros.

Supervisor a Subordinado es un protocolo estándar donde un supervisor evalúa a sus subordinados. Una sugerencia es colectar información de otros supervisores con respecto al funcionamiento del empleado (si los supervisores tienen conocimiento de trabajo y el funcionamiento del empleado). Esto daría al supervisor que evalúa al subordinado un cuadro claro de cómo otros perciben a este empleado y de cómo el empleado debe ser evaluado. Este proceso incluye información externa e incluye a otros supervisores quienes observan al empleado regularmente.

Al calificar a los empleados, primero haga que los empleados se califiquen a sí mismos, luego compare su evaluación con la del empleado, y discútala. Esto creara un dialogo abierto. Le permitirá ver como el empleado se percibe a sí mismo, y ayudara al empleado a identificar áreas fundamentales para mejorar. Esta evaluación es normalmente muy efectiva para los empleados por que ellos tienden a calificarse con más rigidez que el mismo evaluador.

Subordinado a Supervisor proporciona a los empleados la oportunidad de evaluar a sus superiores. Generalmente a los supervisores no les gusta esta técnica, sin embargo, se debe ver desde un punto de vista positivo, la evaluación les mostrara si están satisfaciendo las necesidades de sus subordinados. Con la evaluación de subordinado a supervisor, se puede modificar la evaluación para incluir la asesoría, dirección, o la visión de la organización como un punto de evaluación del supervisor. Los puntos que no se aplicarían a la evaluación del supervisor se pueden substituir con otros indicativos.

Criticismo Constructivo

Usted necesita ser muy positivo cuando haga una crítica constructiva a sus empleados. Esta crítica debe ser dada de una manera que permita a los empleados desarrollar mejor sus habilidades, y que dispongan de tiempo para esta mejoría. A continuación se ofrecen diferentes modelos y técnicas para hacer una crítica constructiva.

Características

☐ Provea información en pequeñas dosis. Permita al receptor procesar lo que usted esta diciendo.

☐ Sea descriptivo y provea ejemplos para que quede muy claro el punto tratado

☐ Apoye la información con ejemplos recientes

☐ Permita que el receptor controle la información

☐ Pida soluciones o haga preguntas directas de como el receptor puede cumplir o contribuir a la organización

Modelo Sándwich

Modelos para crítica constructiva

Al utilizar el modelo sándwich, mencione al empleado lo que está haciendo bien; señale las áreas a mejorar o cual es su preocupación y finalice con una nota positiva en su trabajo para levantar el ánimo.

- ☐ Antes de su junta escriba 3 o 5 cosas que usted aprecia de la persona.
- ☐ Escriba sus preocupaciones y explique el porqué de estas.
- ☐ Entable una conversación acerca de sus preocupaciones e invite al empleado a generar soluciones al respecto.

Para utilizar este modelo, piense de una situación donde usted pueda brindar una crítica constructiva.

_____

_____

_____

_____

_____

_____

Estableciendo Metas

Las metas nos ayudan a enfocar esfuerzos y proveen la dirección necesaria para alcanzar las mismas. Las metas nos proporcionan una manera sistemática de evaluar el progreso, y mejorarlo cuando sea necesario. Estas pueden ayudar a los empleados a hacerse cargo de sus vidas, superar obstáculos, barreras, y problemas de auto-estima. Las metas pueden ayudar a creer en sí mismo, en las capacidades, y potencial para ascender a posiciones de más jerarquía. Las personas que son exitosas, invariablemente establecen metas constantemente. Tienen un plan de acción y ajustan sus metas para lograrlas. Aquellos que establecen metas saben lo que quieren y cómo alcanzarlo.

Al fijar metas se debe ser específico en lo que se quiere lograr. Las metas que son amplias no dan un cuadro claro del mapa a seguir. Se debe seguir las metas de la misma manera que se seguirían direcciones. Por ejemplo, si leyera las instrucciones de cómo hornear un pastel y siguiera estas instrucciones al pie de la letra, acabara con un maravilloso y delicioso pastel. De la misma manera, se aplica a instrucciones escritas para alcanzar una meta determinada.

Formar metas le ayuda a medir su éxito revisando en donde se encuentra ahora e imaginando a dónde quiere llegar. Digamos que usted quisiera ser un experto en informática y el software que quisiera aprender consistiera de seis cursos. Al término de cada curso márquelo para que se auto motive al saber que ha alcanzado una meta de seis.

Seleccione un plazo en la que la meta debe ser terminada. Asegúrese que la meta y el plazo sean reales. No sea irreal al fijar sus metas por ejemplo perder veinte libras en una semana es casi imposible de manera que no se fije esta meta. Establecer metas así no es sano, no es real y es casi imposible. Debe considerar todos los factores al fijar metas y plazos para llevarlas a cabo.

Por ejemplo: usted esta trabajando cuarenta horas a la semana, y tiene una familia a la que le debe dedicar tiempo. Le gustaría ir a la escuela para aprender computación, sin embargo, en realidad, quizá no pueda lograr esta meta en tres meses. Al determinar metas con tiempos específicos, tenga en mente otras actividades que le quitan tiempo. En este ejemplo, quizá sea mas conveniente y apegado a la realidad marcar el plazo a nueve meses en vez de tres, así se da tiempo para tratar otros asuntos cuando se presenten.

Ahora ya esta listo para establecer su propia meta o para sentarse con sus empleados y ayudarles a establecer metas. En página siguiente hay un formato para establecer metas de carrera que puede utilizar como ejemplo. Recuerde que fijar metas con sus empleados debe ser de común acuerdo diríjalos para que precisen sus sueños y ambiciones. Usted simplemente esta ahí para proporcionar dirección y apoyo al empleado para alcanzar sus metas.

Cada meta que el empleado realice, incrementara la autoestima y le proporcionara un sentimiento de confianza en su habilidad. También despertara confianza en la organización, un sentido de ambición, y un nuevo empleado quien estará dispuesto a tomar y realizar nuevos retos.

METAS Inteligentes

S Específico-debe decir que es lo que se necesita lograr

M Mensurable-debe ser fácilmente medido

A Alcanzable-no debe estar muy fácil o muy difícil

R Relevante-debe relacionarse con las metas de la organización

T Tiempo determinado-debe ser dirigida por un marco de tiempo especifico

_____

_____

_____

_____

_____

_____

_____

GRAFICA DE AUTO-DESARROLLO

Grafica de Auto-Desarrollo	
El éxito del mañana depende de la prepacion en el presente	
Nombre	Fecha
Las metas que quiero alcanzar son: 1. 2. 3	Pienso alcanzar mis metas haciendo: 1. 2. 3. Fecha Limite:
Las metas que quiero alcanzar son: 1. 2. 3	Pienso alcanzar mis metas haciendo: 1. 2. 3. Fecha Limite:
Las metas que quiero alcanzar son: 1. 2 3	Pienso alcanzar mis metas haciendo: 1. 2. 3. Fecha Limite:

GRAFICA DEL DESARROLLO PERSONAL

Grafica del Desarrollo de Carrera			
Plazo	META	ACCION	Fecha Limite
Corto Plazo			0-1 año
1			
2			
3			
Largo Plazo			1-5 año
1			
2			

Apéndice A

Nombre de la Organizacion Evaluacion Anual	
Nombre del Empleado	Fecha
Posicion	Periodo de Evaluacion
Supervisor	Departamento

E	Excelente	Consistentemente excede las expectativas de trabajo y produce resultados superiores.
A	Aceptable	Rendimiento esta al par de las expectativas
I	Necesita Mejorar	Aunque el rendimiento esta al par de las expectativas, mejorar es necesario
ES	Inaceptable	Rendimiento no esta al par de las expectativas

Notas Adicionales:

CATEGORIAS DE RENDIMIENTO				
RENDIMIENTO GENERAL	E	A	I	U
El empleado se apega a los valores de la agencia y a la declaracion de la mision				
Se apega a las reglas y procedimientos de la agencia				
Es lider por ejemplo				
Interactua con los clientes externos/internos de una manera profesional.				
Trabaja bien en equipo, ofrece ayuda sin ser requerido				
Requiere de supervision o direccion minima				
Toma decisiones y toma accion cuando se requiere				
Utiliza los recursos disponibles para aumentar sus habilidades y conocimientos				
Acepta critica constructiva positivamente				
Es habil utilizando los materiales y el equipo proveido por la agencia				
Es respetuoso, cooperativo y demuestra una actitud positiva				
Demuestra una filosofia de trabajo en equipo				
Demuestra una actitud positiva hacia el trabajo y los empleados				
Su servicio de atencion al cliente es eficaz				
Empleado es puntual al llegar y salir del trabajo				

Desempeno del Supervisor				
Toma decisiones apropiadas y toma decisiones en base a los valores de la agencia.				
Se mantiene al corriente en los advances de la tecnologia				
Confiable – Untiliza una cantidad minima de horas de enfermedad				
Ejerce los valores, la vision, mision y cultura corporativa al trabajo cotidiano				
Relaciones interpersonales coinciden con la cultura corporativa				
Ejerce sus conocimientos y experiencia a situaciones nuevas e ideas.				
Acepta responsabilidad por sus errores y exitos				
Conoce su trabajo a profundidad y trabaja independientemente				
Empleado se esfuerza por ser eficaz				
El empleado maneja su tiempo effectivamente				
Se adhiere a los estandardes de limpieza y presentacion				
Comentarios del Empleado:				

EJEMPLO II
Evaluacion de Rendimiento

EVALUACION DE RENDIMIENTO COMPRENSIVO

Nombre de la Organizacion
Declaracion de Mision

Reporte de Evaluacion de Rendimiento Anual

Nombre del Empleado_____ Fecha _____

Clasificacion _____ Departamento_____

Supervisor _____ Fecha_____

E	Excelente	Consistentemente excede las expectativas de trabajo y produce resultados superiores.
A	Aceptable	Rendimiento esta al par de las expectativas
I	Mejorar es Necesario	Aunque el rendimiento esta al par de las expectativas, mejorar es necesario
U	Inaceptable	Rendimiento no esta al par de las expectativas

De un resumen del rendimiento. Incluya (como minimo) un ejemplo en cada categoria

Evaluación de Funcionamiento

CATEGORIAS DE FUNCIONAMIENTO

COMPRENSION

HABILIDADES INTERPERSONALES   E   A   I   U

La señorita x ha demostrado excelentes habilidades interpersonales. Ella colabora de igual manera con los compañeros de trabajo o con sus superiores. Tiene grandes habilidades de servicio de atención al cliente, ha recibido muchos elogios de clientes respecto a su cortesía y profesionalismo.

HABILIDADES DE ORGANIZACION   E   A   I   U

Cuando le es dado un proyecto, la señorita x acepta fácilmente las asignaciones de su trabajo. Tiene la habilidad de hacer decisiones independientes, y siempre cumple sus plazos. Por su trabajo tan eficiente la señorita x obtuvo la cuenta de Nassau de 3 millones de dólares.

TOMA DE DESICION/RESOLUCION DE
PROBLEMA   E   A   I   U

L a habilidad de la señorita X para resolver problemas es ejemplar. Mientras hablaba con un cliente molesto ella fue capaz de resolver el problema y mantener la cuenta del cliente. La señorita X ha hecho decisiones excelentes mientras toma las llamadas para asegurar un servicio satisfactorio al cliente.

HABILIDADES COMO LIDER   E   A   I   U

La señorita X proporciona una dirección excelente a sus compañeros de trabajo siendo siempre un modelo a seguir. Dirige con ejemplo; es muy dedicada en su trabajo y con los empleados.

ASPECTO PERSONAL   E   A   I   U

La señorita X cumple y excede los estándares de la compañía.

ENTRENAMIENTO   E   A   I   U

La señorita X utiliza bien su tiempo. Fácilmente acepta asignaciones de entrenamiento, sigue los manuales de entrenamiento,
reconoce áreas con problemas e intenta encontrar soluciones
eficaces para resolverlas, ella provee instrucciones claras y fáciles
de entender.

COMENTARIOS

Clasificado por _____ Fecha_____

Ejemplo III

Evaluacion de Empleado a Empleado

Nombre de la Compania
Division/ Seccion

Nombre del Empleado_____ Titulo _____

Fecha _____ Periodo _____

Enliste 4 atributos positivos acerca de su companero de trabajo
(escriba sus mejores cualidades)

1._____

2._____

3._____

4._____

Areas de Mejoramiento: Areas en las que al mejorar, ayudaran
a tu companero a ser un major empleado.

1._____

2._____

Ejemplo IV

Performance Improvement Plan (PIP)

Conquistar obstaculos es la clave del exito
(El mensaje de afirmacion es opcional)

NOMBRE DEL EMPLEADO_____TITULO _____

SUPERVISOR_____

FECHA DE INICIO_____

DURACION: (del plan)_____

Areas que necesitan mejorar:

Identifique las areas en las que el mejoramiento es requerido

Como va a ser obtenido?

Provea la teoria del IMPACT para desarrollar el plan

Alcanzar las Metas

Han sido obtenidas las metas de la teoria IMPACT?

SI _____   NO _____

Segunda junta para reevaluar: _____

CREDITOS DE ILUSTRACIONES

Alderfer, Clayton (1996) "ERG Theory"
Organizational Behavior 7th edition-Concepts, Controversies, Applications :219

Maslow, Abrahm (1996) "Maslows Theory"
Organizational Behavior 7TH edition-Concepts, Controversies, Applications :214 (1996)
"Maslow, Abraham Harold," Microsoft® Encarta® Online Encyclopedia 2000
http://encarta.msn.com © 1997-2000 Microsoft Corporation. All rights reserved.

McClelland, David (1996) "Achievement Motivation Theory"
Organizational Behavior 7th Ed- Concepts, Controversies, and Applications: 220

Biography of Dafna P. Gauthier

Dafna P. Vann-Gauthier is a Business Coach and CEO of Mindsets Business Consulting & Training, LLC. She has many years of consulting experience in Organizational Development, Diversity, and Leadership. Dafna has assisted with administering programs designed to promote production, performance effectiveness, and efficiency with different organizations. She has developed policies, procedures, and materials for the successful administration of programs to enhance organizational effectiveness and change. Dafna has had the opportunity to work with and instruct numerous workshops with both public and private organizations in the subject of Diversity, Sexual Harassment, Hate Crimes, Cultural Change, Organizational Behavior, Organizational Change, and Leadership. Dafna has a bachelor's degree in Criminal Justice, and a Masters degree in Organizational Management. She has also served as a Subject Matter Expert (SME) for the State Police Officers Standards & Training (POST) on diversity issues. Dafna is also a public speaker and teacher on these various issues of leadership, diversity, and organizational development and change.

www.ingramcontent.com/pod-product-compliance
Lightning Source LLC
Chambersburg PA
CBHW020351290526
45785CB00005B/2225

* 9 7 8 1 4 4 9 0 2 5 6 5 6 *